AF316953

ANECDOTES INÉDITES

SUR

NAPOLÉON IER

ET SUR

L'IMPÉRATRICE JOSÉPHINE

PAR

M. L'ABBÉ AUDIERNE

Chevalier de l'Éperon d'Or, chevalier de la Légion d'Honneur, Inspecteur des Monuments historiques du département de la Dordogne, Correspondant de Son Exc. M. le Ministre d'État, Membre des Sociétés des Arts et Sciences de Carcassonne, des Sciences Industrielles, Arts et Belles-Lettres de Paris, de l'Institut Historique de France, de l'Institut d'Afrique, de la Société Archéologique et Historique de la Charente, de l'Académie d'Enseignement, de la Société Archéologique de Saintes, de la Société des Antiquaires de Normandie, Membre de la Société d'Agriculture, Sciences et Arts de la Dordogne, ancien Vicaire-Général du Diocèse de Périgueux, etc., etc.

PÉRIGUEUX

IMPRIMERIE DUPONT ET Ce, RUE TAILLEFER.

1868.

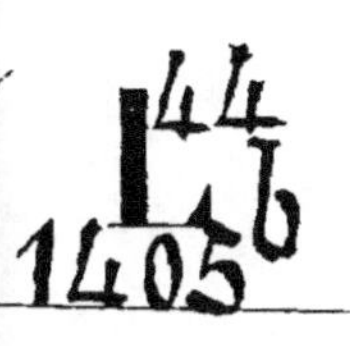

ANECDOTES INÉDITES

SUR

NAPOLÉON Ier

ET SUR

L'IMPÉRATRICE JOSÉPHINE

PAR

M. L'ABBÉ AUDIERNE

Chevalier de l'Éperon d'Or, chevalier de la Légion d'Honneur, Inspecteur des Monuments historiques du département de la Dordogne, Correspondant de Son Exc. M. le Ministre d'État, Membre des Sociétés des Arts et Sciences de Carcassonne, des Sciences Industrielles, Arts et Belles-Lettres de Paris, de l'Institut Historique de France, de l'Institut d'Afrique, de la Société Archéologique et Historique de la Charente, de l'Académie d'Enseignement, de la Société Archéologique de Saintes, de la Société des Antiquaires de Normandie, Membre de la Société d'Agriculture, Sciences et Arts de la Dordogne, ancien Vicaire-Général du Diocèse de Périgueux, etc., etc.

PÉRIGUEUX

IMPRIMERIE DUPONT ET Ce, RUE TAILLEFER.

1868.

ANECDOTES

SUR

NAPOLÉON IER

L'histoire de ces hommes extraordinaires que Dieu fait apparaître dans le monde à de longs intervalles dans l'étendue des siècles, comme des phénomènes de sa toute puissance, n'est jamais finie, tant leurs jours sont grands, féconds et tenant du prodige, à l'égal de leur génie.

On a écrit bien des volumes sur Napoléon Ier, qui fut, dans nos temps modernes, ce qu'avaient été, dans les temps anciens, Alexandre et César, le plus grand des conquérants, comme le plus puissant des souverains; mais on n'a pas tout dit sur ce vaste génie et, longtemps encore, nos neveux recueilleront de nombreux souvenirs.

Ces jours derniers, parcourant un fonds de bibliothèque et quelques manuscrits de la brillante épopée du premier empire, je tombai sur un recueil d'éphémérides, où je lus les articles suivants :

I

« Il y avait, en 1784, au collége de Brienne, un jeune élève de 15 ans qui faisait quelquefois des vers. Voici une fable inédite de ce jeune homme, fable que possède en manuscrit M. le comte de Weimars, qui la regarde, à juste titre, comme une des pièces les plus gracieuses de son précieux cabinet. Il est vrai que cet élève, auteur de la fable : *Le Chien, le Lapin et le Chasseur*, était né en Corse, dans la ville d'Ajaccio, et qu'il se nommait Napoléon Bonaparte.

LE CHIEN, LE LAPIN ET LE CHASSEUR.

César, chien d'arrêt renommé,
Mais trop enflé de son mérite,
Tenait arrêté dans son gîte
Un malheureux lapin, de peur inanimé.
— Rends-toi ! lui cria-t-il d'une voix de tonnerre,
Qui fit au loin trembler les peuplades des bois :
Je suis César, connu par ses exploits,
Et dont le nom remplit toute la terre.
A ce grand nom, Jeannot Lapin,
Recommandant à Dieu son âme pénitente,

Demande d'une voix tremblante :
— Très Sérénissime Mâtin,
Si je me rends, quel sera mon destin ?
— Tu mourras ! — Je mourrai ! dit la bête innocente,
Et si je fuis ? — Ton trépas est certain.
— Quoi ! reprit l'animal qui se nourrit de thym,
Des deux côtés je dois perdre la vie ?
Que Votre Illustre Seigneurie,
Veuille me pardonner, puisqu'il me faut mourir,
Si j'ose tenter de m'enfuir.
Il dit et fuit, en héros de garenne.
Caton l'aurait blâmé ; je dis qu'il n'eut pas tort,
Car le chasseur le voit à peine,
Qu'il l'ajuste, le tire.... et le chien tombe mort.
Que dirait de ceci notre bon Lafontaine ?
« Aide-toi et le ciel t'aidera. »
J'approuve fort cette morale-là.

NAPOLÉON.

II

Napoléon, à cette époque, avait peut-être 17 ans.
Il vit et entendit Mme Saint-Huberti, à Marseille,
dans le rôle de Didon. Transporté et profondément
ému, il composa ces vers :

Romains qui vous vantez d'une illustre origine,
Voyez d'où dépendit votre empire naissant.
Didon n'eut pas d'attrait assez puissant

Pour arrêter la fuite où son amant s'obstine.
Mais si l'autre Didon, ornement de ces lieux,
    Eût été reine de Carthage,
Il eût pour la servir abandonné ses dieux,
Et votre beau pays serait encor sauvage.

III

M. Bélime, auteur de l'*Eloge de Blaise Pascal*, discours couronné à l'académie des Jeux-Floréaux de Toulouse, et qui l'avait emporté sur Château-briand, son concurrent, avait été secrétaire particulier du duc de Feltre.

Ce dernier l'envoyait quelquefois aux Tuileries, pour écrire sous la dictée de l'Empereur. Un jour, M. Bélime se trouva dans le cabinet de Napoléon avec deux autres secrétaires. L'Empereur dictait aux trois à la fois, ayant sur son bureau sa tabatière ouverte. Un des secrétaires, voyant l'Empereur le dos tourné, prend dans sa tabatière une prise de tabac. La glace qui était en face trahit le coupable : alors l'Empereur, se retournant brusquement, prend la tabatière, la donne à ce secrétaire, plus mort que vif, en lui disant : « Gardez-la ! elle est trop petite pour nous deux ! » et il se remit à dicter. Cette tabatière était en or.

IV

Je citerai encore une autre particularité qui caractérise bien la bonté de l'Impératrice Joséphine, dont l'histoire d'ailleurs a enregistré des milliers d'actes de bienveillance et de générosité.

Ce même M. Bélime, écrivant une autre fois sous la dictée de l'Empereur, l'Impératrice Joséphine était présente. Des gouttes d'eau ruisselaient sur le visage du timide secrétaire. Joséphine s'en apercevant. « Essuyez votre front, monsieur, lui dit-elle ! » Bélime met la main dans sa poche ; mais pas de mouchoir ; son embarras est grand. L'Impératrice le devine. « Vous avez oublié votre mouchoir ! Tenez, voilà le mien ! Il est blanc, on vient de me le donner tout à l'heure. »

Ce mouchoir était en batiste, garni d'une large valencienne et orné de son chiffre.

Ai-je eu tort d'extraire de ce registre journal des documents qui auraient pu se perdre ? L'esprit vulgaire est ainsi façonné que, malgré l'évidence de leur mérite, l'appréciation n'en sera pas uniforme. Les uns diront oui, les autres non. Mais l'histoire, cette reine impartiale des hommes et des siècles, qu'en pensera-t-elle? Amie de la vérité, sans préjugés ni passion, elle dira non, et les revendiquera comme une propriété qu'on ne peut lui ravir. Ces documents, en effet, quelque minimes qu'ils paraissent, n'appartiennent pas à un simple particulier : ils sont à la France et font partie des fastes de l'Europe.

Périgueux. Dupont et Cⁱᵉ

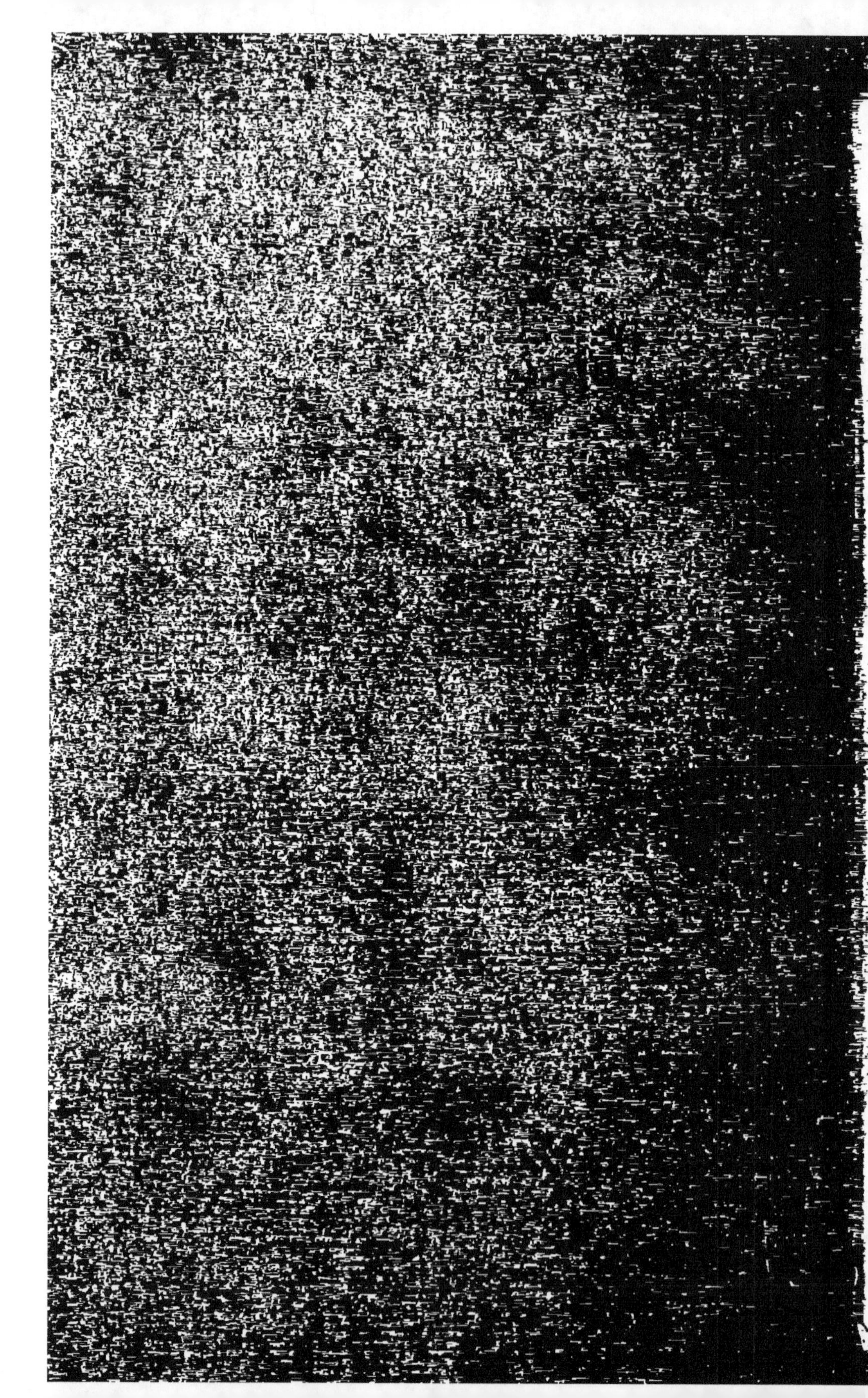

www.ingramcontent.com/pod-product-compliance
Lightning Source LLC
Chambersburg PA
CBHW060052090726
47597CB00012B/3695